ESSENTIAL GUIDE TO CHINESE HISTORY

PART 5

WARRING STATES

战国时期

SECOND EDITION (LARGE PRINT)

学习简单的中国历史文化

QING QING JIANG

PREFACE

Welcome to the Chinese History series, a series dedicated to helping Mandarin Chinese learners improve Chinese reading skills. In this series, we will discover China's 5,000-year-old history. Each of the book will focus on one important ruling Chinese dynasty. The books contain numerous lessons in Mandarin Chinese. We start with a ruling dynasty specific preface (前言), a brief introduction to the dynasty or related themes, and continue to dig the important aspects of the ruling era, such as politics, economy, etc. in the form or chapters. Each book contains 5 to 10 chapters. For the readers' convenience, a comprehensive list of vocabulary has been provided at the beginning of each chapter. The pinyin for the Chinese text is provided after the main text. Further, to enforce deeper learning, the English interpretation of the Chinese text has been purposely excluded for the books. This would help the readers think deeply about the contents the way native Chinese think. In order to help the Chinese learner remember important characters, words, long words, idioms, etc., these entities have been purposely repeated throughout the book, and across the books in the series. Taken together, the books in Chinese History series will tremendously help readers improve their Chinese reading skills.

If you have any questions, suggestions, and feedbacks, feel free to let me know in the review or comments.

You can find more about China and Chinese culture on my amazon homepage.

I blog at:

www.QuoraChinese.com

-Qing Qing

FEB 2023

©2023 Qing Qing Jiang

All rights reserved.

ESSENTIAL GUIDE TO CHINESE HISTORY

ACKNOWLEDGMENTS

I am a blogger. It has been a long and interesting journey since I started blogging quite a few years ago.

The blogging passion enabled me to write useful contents. In particular, I have been writing about China, and its culture.

My passion in writing was supported by my friends, colleagues, and most importantly, the almighty.

I thank everyone for constantly inspiring me in my life endeavours.

CONTENTS

PREFACE 2
ACKNOWLEDGMENTS 4
CONTENTS 5
INTRODUCTION TO THE HISTORY OF WARRING STATES PERIOD (战国时期历史简介) 7
GOOD ENVIRONMENT (孟母三迁) 9
EMPTY TALKS (纸上谈兵) 14
RECOMMEND ONESELF (毛遂自荐) 21
OFFER A HUMBLE APOLOGY (负荆请罪) 26
A REPEATED SLANDER MAKES OTHERS BELIEVE (三人成虎) 31
TIAN JI PARTICIPATES IN HORSE RACING (田忌赛马) 35

前言

战国时期是东周的后半段，我们普遍以三家分晋为分界线。自那以后，战国七雄的态势正式形成。七个诸侯国各自为政，你不让我，我不让你。这一时期也如同春秋时期一般，是一个大动荡，大变革，大发展的时期。这一时期可以说是过渡时期，上接春秋乱世，下启秦大一统，持续了两百多年。这个时代注定是充满变数的时代，同时也是充满机遇的时代。为什么说它是充满变数的时代？因为战国时代战争连绵不绝，人们受苦受难。那为什么说他是充满机遇的时代？因为不同的政治理念，思想文化，宗教信仰的碰撞使之有了新的发展。这个时代也是中国思想文化发展的黄金时期，在文化进程当中起到了很大的作用。对于战国时代的介绍，我们主要从战国时期比较著名的故事着手，其中的很多故事也发展成了一个耳熟能详的成语，让我们一起接着往下看吧。

Qiányán: Zhànguó shíqí shì dōngzhōu de hòu bàn duàn, wǒmen pǔbiàn yǐ sānjiā fēn jìn wèi fēn jièxiàn. Zì nà yǐhòu, zhànguó qīxióng de tàishì zhèngshì xíngchéng. Qī gè zhūhóu guó gèzìwéizhèng, nǐ bù ràng wǒ, wǒ bù ràng nǐ. Zhè yī shíqí yě rútóng chūnqiū shíqí yībān, shì yīgè dà dòngdàng, dà biàngé, dà fāzhǎn de shíqí. Zhè yī shíqí kěyǐ shuō shì guòdù shíqí, shàng jiē chūnqiū luànshì, xià qǐ qín dà yītǒng, chíxùle liǎng bǎi duō nián. Zhège shídài zhùdìng shì chōngmǎn biàn shǔ de shídài, tóngshí yěshì chōngmǎn jīyù de shídài. Wèishéme shuō tā shì chōngmǎn biàn shǔ de shídài? Yīn wéi zhànguó shídài zhànzhēng liánmián bù jué, rénmen shòukǔ shòunàn. Nà wèishéme shuō tā shì chōngmǎn jīyù de shídài? Yīn wéi bùtóng de zhèngzhì lǐniàn, sīxiǎng wénhuà, zōngjiào xìnyǎng de pèngzhuàng shǐ zhī yǒule xīn de fǎ zhǎn. Zhège shídài yěshì zhōngguó sīxiǎng wénhuà fāzhǎn de huángjīn shíqí, zài wénhuà jìnchéng dāngzhōng qǐ dàole hěn dà de zuòyòng. Duìyú zhànguó shídài de jièshào, wǒmen zhǔyào cóng zhànguó shíqí bǐjiào zhùmíng de gùshì zhuóshǒu, qízhōng de hěnduō gùshì yě fāzhǎn chéngle yīgè ěrshúnéngxiáng de chéngyǔ, ràng wǒmen yīqǐ jiēzhe wǎng xià kàn ba.

INTRODUCTION TO THE HISTORY OF WARRING STATES PERIOD (战国时期历史简介)

The Warring States Period (战国时期/战国时代), often called as the Warring States, was a period of great social change in Chinese history following the Spring and Autumn Period (春秋, 770 BC - 476 BC). Although there are various theories about the exact starting year of the Warring States period, the period ended when Qin Shihuang (秦始皇) unified the six Warring States (六国) in 221 BC.

After the protracted war for hegemony during the Spring and Autumn Period, the number of vassal states in the Zhou Dynasty was greatly reduced. Eventually, there were following seven Warring States (七国) who contended for political hegemony during the Warring States Period:

1. Qi/Qi State/State of Qi (齐/齐国)
2. Chu/ Chu State/State of Chu (楚/楚国)
3. Yan/Yan State/State of Yan (燕/燕国)
4. Han/Han State/State of Han (韩/韩国)
5. Zhao/Zhao State/State of Zhao (赵/赵国)
6. Wei/Wei State/State of Wei (魏/魏国)
7. Qin/Qin State/State of Qin (秦/秦国)

All these states were the vassals under the Zhou Dynasty (周朝).

In 403 BC, the Zhou Dynasty officially recognized Han, Zhao, and Wei as the vassal states. In 376 BC, Han, Zhao and Wei used the iconic event of "three divisions of Jin" (三家分晋) that ended up dividing the territory of mighty Jin. Essentially, it was an event in which the state of Jin was divided up by Han, Zhao and Wei. The three divisions of Jin is a major event of huge (epoch-making) significance in Chinese history and a watershed in the Spring and Autumn Period and the Warring States Period: "three divisions of Jin" was regarded as a watershed between the end of the Spring and Autumn Period and the beginning of the Warring States Period.

Because the three divisions of Jin represented the complete collapse of the "the system of rites and music" (礼乐制度) of the Zhou Dynasty, the war between the various vassal states became more intense. The law of the jungle prevailed and the survival of the fittest became a norm.

Finally, the Qin State successively annexed the six vassals of Han, Zhao, Wei, Chu, Yan, and Qi and completed the great unification. The unification was completed in 221 BC, when the Qin State defeated the Qi State, marking the end of the Warring States Period.

The Warring States period was a golden period for China's agricultural, textile, ideological, technological, military, and political development. At the same time, the various vassal states who were trying to survive, carried out many world-famous reforms, such as Shang Yang's legal reforms (商鞅变法). A large number of idioms and allusions emerged from the Warring States Period. In the process of unifying China, the feudal system was replaced by the autocratic monarchy.

GOOD ENVIRONMENT (孟母三迁)

孟母三迁 (mèng mǔ sān qiān): A wise mother would try to find a good environment for her children's best education.

1	战国	Zhànguó	Warring States
2	名人	Míngrén	Famous person; eminent person; celebrity; notable
3	孟子	Mèngzǐ	Mencius
4	孔子	Kǒngzǐ	Confucius
5	儒家	Rújiā	The Confucian school
6	学派	Xuépài	School of thought; school
7	人物	Rénwù	Figure; personage; person in literature; character
8	生于	Shēng yú	Be born on/in (day, year, etc.)
9	在一起	Zài yīqǐ	Be together; hold together
10	身世	Shēnshì	One's life experience; one's lot
11	从小	Cóngxiǎo	From childhood; since one was very young; as a child
12	抚养	Fǔyǎng	Foster; raise; bring up
13	长大	Zhǎng dà	Grow; grow up; be brought up
14	重视	Zhòngshì	Attach importance to; pay attention to; think highly of; take something seriously
15	一开始	Yī kāishǐ	In the outset
16	之下	Zhī xià	Under
17	热爱	Rè'ài	Ardently love; have a deep love for; love heartily
18	墓地	Mùdì	Cemetery; dust; graveyard; burial ground
19	送葬	Sòngzàng	Take part in a funeral procession; attend a burial ceremony
20	跪拜	Guìbài	Worship on bended knees; kowtow
21	不适合	Bù shìhé	Unsuited; inadequacy; inconvenience

22	搬家	Bānjiā	Move house; move
23	这一次	Zhè yīcì	This time; on this occasion; for once
24	市集	Shì jí	Fair
25	没想到	Méi xiǎngdào	Have not expected or thought of
26	商人	Shāngrén	Businessman; merchant; trader
27	大声	Dàshēng	Loud; loudness; in a loud voice
28	叫卖	Jiàomài	Cry one's wares; cry one's goods for sale; hawk one's wares; peddle
29	讨价还价	Tǎojià huánjià	Bargain with somebody for a supply of something; chaffer with a tradesman about prices; dicker with somebody about something; dispute about the terms of a bargain
30	摇头	Yáotóu	Shake one's head
31	静下心来	Jìng xiàxīn lái	Get down to; settle down; Be Still
32	再一次	Zài yīcì	Once again; resume
33	最后一次	Zuìhòu yīcì	The last time; once and for all; for the last time
34	搬到	Bān dào	Move to; moved; arouse to
35	学堂	Xuétáng	School
36	做事	Zuòshì	Handle affairs; do a deed; act
37	礼仪	Lǐyí	Etiquette; rite; protocol
38	久而久之	Jiǔ'ér jiǔzhī	In the course of time; as time passes; with the lapse of time; gradually
39	好习惯	Hǎo xíguàn	Good habit; good habits; a good habit
40	操心	Cāoxīn	Worry about; trouble about; take pains; be concerned over
41	好好学习	Hǎo hào xuéxí	Good at study; study hard; to study well
42	故事	Gùshì	Story; tale; plot; old practice; routine
43	看出	Kàn chū	Make out; perceive; find out; be aware of
44	良心	Liángxīn	Conscience
45	十分	Shífēn	Very; fully; utterly; extremely

46	一个人	Yīgè rén	One
47	很大	Hěn dà	Great; very large; large
48	近朱者赤	Jìn zhū zhě chì	Be influenced by close association; he who gets in contact with vermilion will become red; He who touches rouge will be stained with red
49	或多或少	Huò duō huò shǎo	More or less; to a greater or lesser extent; in varying degrees; big or small
50	受到	Shòudào	Be given

Chinese (中文)

  首先来讲一讲战国时期的文化名人：孟子。和孔子一样，孟子也是儒家学派的代表人物，但是他生于战国时期。孟子是唯一一个可以和孔子齐名的人，人们经常把孔子和孟子放在一起比较。但孟子能取得如此的成就，与她的母亲有着极大的关系。

  孟子和孔子的身世也有些类似，都是从小丧父，由母亲抚养长大。在孟子很小的时候，他的母亲就十分重视他的学习和教育。但是孟子并不是一开始就喜欢学习的，而是在母亲的教育之下才开始热爱学习。

  最初，他们母子俩住在墓地附近。孟子当时还小，对一切事物都十分好奇。他看见别人送葬哭泣的样子，便也学起来，学他们哭泣，跪拜，哀嚎的样子，甚至还玩起了办丧事的游戏。孟母见状，觉得这样的环境不适合孟子学习。便带着孟子搬家，这一次，他们搬到了市集旁。

  本以为情况会好一些，但是没想到孟子却有模有样学着街上商人的样子，大声叫卖，讨价还价。孟母看到了后，摇了摇头，心想在这种环境下，孟子还是没有办法静下心来学习，便决定再一次搬家。

  最后一次，他们搬到了一所学堂旁。事情也终于往好的方向发展，孟子开始学习，学习别人的知识，学习做事的礼仪。久而久之，孟子便养成了学习的好习惯，不用孟母操心，也能好好学习了。孟母这才十分满意，这才是适合孩子居住的地方。

从这个故事中，我们可以看出孟母的用苦良心，她对孟子的学习十分上心。从中我们也可以看出环境对一个人有着很大的影响。近朱者赤，近墨者黑，环境或多或少在影响着我们。而我们要做的便是选择好的环境，受到好的影响。

Pinyin (拼音)

Shǒuxiān lái jiǎng yī jiǎng zhànguó shíqí de wénhuà míngrén: Mèngzǐ. Hé kǒngzǐ yīyàng, mèngzǐ yěshì rújiā xuépài de dàibiǎo rénwù, dànshì tā shēng yú zhànguó shíqí. Mèngzǐ shì wéiyī yīgè kěyǐ hé kǒngzǐ qímíng de rén, rénmen jīngcháng bǎ kǒngzǐ hé mèngzǐ fàng zài yīqǐ bǐjiào. Dàn mèngzǐ néng qǔdé rúcǐ de chéngjiù, yǔ tā de mǔqīn yǒuzhe jí dà de guānxì.

Mèngzǐ hé kǒngzǐ de shēnshì yě yǒuxiē lèisì, dōu shì cóngxiǎo sàng fù, yóu mǔqīn fǔyǎng zhǎng dà. Zài mèngzǐ hěn xiǎo de shíhòu, tā de mǔqīn jiù shí fèn zhòngshì tā de xuéxí hé jiàoyù. Dànshì mèngzǐ bìng bùshì yī kāishǐ jiù xǐhuān xuéxí de, ér shì zài mǔqīn de jiàoyù zhī xià cái kāishǐ rè'ài xuéxí.

Zuìchū, tāmen mǔzǐ liǎ zhù zài mùdì fùjìn. Mèngzǐ dāngshí hái xiǎo, duì yīqiè shìwù dōu shífēn hàoqí. Tā kànjiàn biérén sòngzàng kūqì de yàngzi, biàn yě xué qǐlái, xué tāmen kūqì, guìbài, āiháo de yàngzi, shènzhì hái wán qǐle bàn sāngshì de yóuxì. Mèng mǔ jiàn zhuàng, juédé zhèyàng de huánjìng bù shìhé mèngzǐ xuéxí. Biàn dàizhe mèngzǐ bānjiā, zhè yīcì, tāmen bān dàole shì jí páng.

Běn yǐwéi qíngkuàng huì hǎo yīxiē, dànshì méi xiǎngdào mèngzǐ què yǒu mó yǒu yàng xuézhe jiē shàng shāngrén de yàngzi, dàshēng jiàomài, tǎojiàhuánjià. Mèng mǔ kàn dàole hòu, yáole yáotóu, xīn xiǎng zài zhè zhǒng huánjìng xià, mèngzǐ háishì méiyǒu bànfǎ jìng xiàxīn lái xuéxí, biàn juédìng zài yīcì bānjiā.

Zuìhòu yīcì, tāmen bān dàole yī suǒ xuétáng páng. Shìqíng yě zhōngyú wǎng hǎo de fāngxiàng fāzhǎn, mèngzǐ kāishǐ xuéxí, xuéxí biérén de zhīshì, xuéxí zuòshì de lǐyí. Jiǔ'érjiǔzhī, mèngzǐ biàn yǎng chéngle xuéxí de hǎo xíguàn, bùyòng mèng mǔ cāoxīn, yě néng hǎo hào xuéxíle. Mèng mǔ zhè cái shífēn mǎnyì, zhè cái shì shìhé háizi jūzhù dì dìfāng.

Cóng zhège gùshì zhōng, wǒmen kěyǐ kàn chū mèng mǔ de yòng kǔ liángxīn, tā duì mèngzǐ de xuéxí shífēn shàng xīn. Cóngzhōng wǒmen yě kěyǐ kàn chū huánjìng duì yīgè rén yǒuzhe hěn dà de yǐngxiǎng. Jìn zhū zhě chì, jìn mò zhě hēi, huánjìng huò duō huò shǎo zài yǐngxiǎngzhe wǒmen. Ér wǒmen yào zuò de biàn shì xuǎnzé hǎo de huánjìng, shòudào hǎo de yǐngxiǎng.

EMPTY TALKS (纸上谈兵)

纸上谈兵 (zhǐ shāng tán bīng): Armchair strategy; empty phrases on a scrap of paper; to engage in idle theorizing.

1	战国	Zhànguó	Warring states
2	时期	Shíqí	Period
3	有名	Yǒumíng	Well-known; famous; celebrated
4	将领	Jiànglǐng	High-ranking military officer; general
5	名叫	Míng jiào	Call; by the name of
6	今天	Jīntiān	Today
7	主人公	Zhǔréngōng	Leading character in a novel, etc.; hero or heroine; protagonist
8	他的	Tā de	His; him
9	儿子	Érzi	Son
10	从小	Cóngxiǎo	From childhood; since one was very young; as a child
11	感兴趣	Gǎn xìngqù	Be interested in
12	兵法	Bīngfǎ	Warcraft; art of war; military strategy and tactics
13	书籍	Shūjí	Books; works; literature
14	自信	Zìxìn	Self-confident; believe in oneself
15	厉害	Lìhài	Severe; sharp; cruel; fierce
16	天下	Tiānxià	China or the world; land under heaven
17	比得上	Bǐ dé shàng	Comparable; can be compared with
18	谈论	Tánlùn	Discuss; speak about; talk about
19	军事	Jūnshì	Military affairs
20	上来	Shànglái	Come up; begin; start
21	奇怪	Qíguài	Strange; odd; queer; surprising
22	从来没有	Cónglái méiyǒu	Never
23	赞美	Zànměi	Praise; eulogize
24	疑惑	Yíhuò	Feel uncertain; not be convinced

25	掌握	Zhǎngwò	Grasp; master; know well
26	课本	Kèběn	Textbook
27	沾沾自喜	Zhānzhān zìxǐ	Pleased with oneself; grandiose; pat oneself on the back; play the peacock
28	打仗	Dǎzhàng	Fight; go to war; make war
29	性命	Xìngmìng	Life
30	生死	Shēngsǐ	Life and death
31	一瞬间	Yī shùnjiān	In the space of a moment; as quick as lighting; quick as thought
32	书本	Shūběn	Book
33	否则	Fǒuzé	Otherwise; if not; or else
34	打败仗	Dǎbàizhàng	Suffer defeat in a battle
35	听信	Tīngxìn	Wait for information
36	传言	Chuányán	Hearsay; rumor
37	挑拨	Tiǎobō	Foment; instigate; incite; sow discord
38	十足	Shízú	100 per cent; out-and-out; sheer; downright
39	老将	Lǎojiàng	Veteran; old-timer; veteran player; veteran sportsman
40	不知道	Bùzhīdào	A stranger to; have no idea; I don't know; No
41	诡计	Guǐjì	Crafty plot; cunning scheme; trick; ruse
42	正好	Zhènghǎo	Just in time; just right; just enough
43	他们的	Tāmen de	Their; theirs
44	连忙	Liánmáng	Promptly; immediately; instantly; in a hurry
45	千万	Qiān wàn	Ten million; millions upon millions
46	不适合	Bù shìhé	Unsuited; inadequacy; inconvenience
47	带兵	Dài bīng	Head troops
48	执意	Zhíyì	Insist on; be determined to; be bent on
49	必将	Bì jiāng	Will certainly; surely will
50	求胜心切	Qiú shèng xīnqiè	Be anxious to gain victory

51	心意	Xīnyì	Regard; kindly feelings
52	主意	Zhǔyì	Idea; plan
53	于是	Yúshì	Thereupon; hence; consequently; as a result
54	接替	Jiētì	Take over; replace; succeed; take the place of
55	上任	Shàngrèn	Take up an official post; assume office
56	大刀阔斧	Dàdāo kuòfǔ	Make snap decisions; bold and resolute; boldly and resolutely; cut the Gordian knot
57	战术	Zhànshù	Tactics
58	全部废除	Quánbù fèichú	Total abolition
59	士兵	Shìbīng	Rank-and-file soldiers; privates
60	摸不着头脑	Mō bùzháo tóunǎo	Feel at a loss; be unable to understand what it is all about
61	没办法	Méi bànfǎ	No way out; have no choice but
62	敌军	Dí jūn	Enemy troops; the enemy; hostile forces
63	听说	Tīng shuō	Be told; hear of
64	高兴	Gāoxìng	Glad; happy; pleased; elated
65	打败	Dǎ bài	Defeat; beat; worst
66	不在话下	Bùzài huà xià	Be nothing difficult; be a cinch; be no object; beneath contempt
67	计谋	Jìmóu	Scheme; stratagem; plot
68	佯装	Yángzhuāng	Pretend (also 佯作)
69	失败	Shībài	Be defeated; lose; fail; come to nothing
70	故意	Gùyì	Intentionally; willfully; deliberately; on purpose
71	得意洋洋	Déyì yángyáng	Feel oneself highly flattered; be heaved with joy; cheerful and confident; have one's nose in the air
72	不知	Bù zhī	Not to know; have no idea of; be ignorant of; be in the dark
73	算计	Suànjì	Calculate; reckon

74	等到	Děng dào	By the time; when
75	敌人	Dírén	Enemy; foe
76	圈套	Quāntào	Snare; trap; springe
77	全都	Quándōu	All; completely; without exception
78	大军	Dàjūn	Main forces; army
79	求救无门	Qiújiù wú mén	Call in vain for help
80	援兵	Yuánbīng	Reinforcements; relief troops
81	硬撑	Yìng chēng	Hold on firmly despite extreme adversity, pain, etc.
82	疲惫不堪	Píbèi bùkān	Whacked to the wide -- terribly fatigued; being fatigued to the extreme; be tired beyond endurance; be tired to death
83	一举	Yījǔ	With one action; at one stroke; at one fell swoop; at the first try
84	全军覆没	Quán jūn fùmò	The whole army was wiped out; completely annihilated; roll up horse and foot; roll up horse, foot and guns
85	从此	Cóngcǐ	From this time on; from now on; from then on

Chinese (中文)

战国时期，赵国有一名有名的将领名叫赵奢，今天的主人公便是他的儿子，赵括。

作为将领的儿子，赵括从小面对军事很感兴趣，也读了很多兵法方面的书籍。谈论军事的时候，赵括十分自信，能够从容地答上别人所问的问题。因此赵括觉得自己非常厉害，天下没有几个人能够比得上。

赵括与他的父亲谈论军事的时候，无论赵奢考他什么，赵括都能答上来，但奇怪的是，他的父亲从来没有赞美过他。

赵括的母亲觉得很疑惑，便问赵奢。赵奢回答道：他所掌握的知识只是停留在课本上，

从来没有真正实践过，而他却沾沾自喜，以为自己掌握了一切。但是打仗是事关性命的，生死往往只在一瞬间，这是一个十分复杂的过程，远比书本上要复杂的多。今后这孩子当不得将领，否则会打败仗啊！

但是这一天，终于还是来到了。赵王听信别人的传言和挑拨，任命赵括为将领，换下了经验十足的老将廉颇。但他们不知道的是，这其实是对手耍的诡计，而赵王正好中了他们的计。

赵括的母亲知道后，连忙向赵王解释，说千万不能派赵括去打仗，他不适合带兵打仗，执意如此的话必将失败。但是当时赵王求胜心切，心意已决，不管赵括的母亲说什么，也没能改变他的主意。

于是赵括接替了廉颇的工作。他一上任后，便大刀阔斧的改革，将廉颇之前的战术全部废除，这让军队的士兵也有点摸不着头脑，但没办法，他们也只能照做。

敌军听说廉颇被换了后，高兴极了。他们也知道这位年轻的将领根本没有实战经验，打败他不在话下。于是，便用了一点小计谋。

与赵括对战的时候，他们先是佯装失败，故意打败仗，输给赵括。赵括还得意洋洋，却不知自己已经被算计了。等到赵括追过去后，才发现中了敌人的圈套。

敌人把与外界交流的通道全都堵了，赵括带着 40 万大军，却根本是求救无门。没有援兵的支持，赵括只能硬撑着。

等到士兵们都疲惫不堪的时候，敌军一举进攻，40 万大军全军覆没，从此赵国也就一振不撅了。

Pinyin (拼音)

Zhànguó shíqí, zhào guóyǒu yī míng yǒumíng de jiànglǐng míng jiào zhào shē, jīntiān de zhǔréngōng biàn shì tā de érzi, zhào kuò.

Zuòwéi jiànglǐng de érzi, zhào kuò cóngxiǎo miàn duì jūnshì hěn gǎn xìngqù, yě dúle hěnduō bīngfǎ fāngmiàn de shūjí. Tánlùn jūnshì de shíhòu, zhào kuò shí fèn zìxìn, nénggòu cóngróng de dá shàng biérén suǒ wèn de wèntí. Yīncǐ zhào kuò juédé zìjǐ fēicháng lìhài, tiānxià méiyǒu jǐ gèrén nénggòu bǐ dé shàng.

Zhào kuò yǔ tā de fùqīn tánlùn jūnshì de shíhòu, wúlùn zhào shē kǎo tā shénme, zhào kuò dōu néng dá shànglái, dàn qíguài de shì, tā de fùqīn cónglái méiyǒu zànměiguò tā.

Zhào kuò de mǔqīn juédé hěn yíhuò, biàn wèn zhào shē. Zhào shē huídá dào: Tāsuǒ zhǎngwò de zhīshì zhǐshì tíngliú zài kèběn shàng,

cónglái méiyǒu zhēnzhèng shíjiànguò, ér tā què zhānzhānzìxǐ, yǐwéi zìjǐ zhǎngwòle yīqiè. Dànshì dǎzhàng shì shì guān xìngmìng de, shēngsǐ wǎngwǎng zhǐ zài yī shùnjiān, zhè shì yīgè shífēn fùzá de guòchéng, yuǎn bǐ shūběn shàng yào fùzá de duō. Jīnhòu zhè háizi dāng bùdé jiànglǐng, fǒuzé huì dǎbàizhàng a!

Dànshì zhè yītiān, zhōngyú háishì lái dàole. Zhào wáng tīngxìn biérén de chuányán hé tiǎobō, rènmìng zhào kuò wèi jiànglǐng, huàn xiàle jīngyàn shízú de lǎojiàng lián pǒ. Dàn tāmen bùzhīdào de shì, zhè qíshí shì duìshǒu shuǎ de guǐjì, ér zhào wáng zhènghǎo zhōngle tāmen de jì.

Zhào kuò de mǔqīn zhīdào hòu, liánmáng xiàng zhào wáng jiěshì, shuō qiān wàn bùnéng pài zhào kuò qù dǎzhàng, tā bù shìhé dài bīng dǎzhàng, zhíyì rúcǐ dehuà bì jiāng shībài. Dànshì dāngshí zhào wángqiúshèng xīnqiè, xīnyì yǐ jué, bùguǎn zhào kuò de mǔqīn shuō shénme, yě méi néng gǎibiàn tā de zhǔyì.

Yúshì zhào kuò jiētìle lián pǒ de gōngzuò. Tā yī shàngrèn hòu, biàn dàdāokuòfǔ de gǎigé, jiāng lián pǒ zhīqián de zhànshù quánbù fèichú, zhè ràng jūnduì dí shìbīng yě yǒudiǎn mō bùzháo tóunǎo, dàn méi bànfǎ, tāmen yě zhǐ néng zhào zuò.

Dí jūn tīng shuō lián pǒ bèi huànle hòu, gāoxìng jíle. Tāmen yě zhīdào zhè wèi niánqīng de jiànglǐng gēnběn méiyǒu shízhàn jīngyàn, dǎ bài tā bùzài huà xià. Yúshì, biàn yòngle yīdiǎn xiǎo jìmóu.

Yǔ zhào kuò duìzhàn de shíhòu, tāmen xiānshi yángzhuāng shībài, gùyì dǎ bàizhàng, shū gěi zhào kuò. Zhào kuò hái déyì yángyáng, què bù zhī zìjǐ yǐjīng bèi suànjìle. Děngdào zhào kuò zhuī guòqù hòu, cái fāxiàn zhòngle dírén de quāntào.

Dírén bǎ yǔ wàijiè jiāoliú de tōngdào quándōu dǔle, zhào kuò dàizhe 40 wàn dàjūn, què gēnběn shì qiújiù wú mén. Méiyǒu yuánbīng de zhīchí, zhào kuò zhǐ néng yìng chēngzhe.

Děngdào shìbīngmen dōu píbèi bùkān dì shíhòu, dí jūn yījǔ jìngōng, 40 wàn dàjūn quán jūn fùmò, cóngcǐ zhào guó yě jiù yī zhèn bù juēle.

RECOMMEND ONESELF (毛遂自荐)

毛遂自荐 (máo suì zì jiàn) : Offer personal services as Mao Sui did; offer oneself for a position.

1	门客	Ménkè	A hanger-on of an aristocrat
2	虽然	Suīrán	Though; although
3	已经	Yǐjīng	Already
4	从来没有	Cónglái méiyǒu	Never
5	得到	Dédào	Get; obtain; gain; receive
6	重用	Zhòngyòng	Put somebody in an important position
7	因此	Yīncǐ	Therefore; hence; consequently; thus
8	显眼	Xiǎnyǎn	Conspicuous; showy; eye appeal
9	存在	Cúnzài	Exist; be; being, existence
10	有一次	Yǒu yīcì	Once; on one occasion
11	攻打	Gōngdǎ	Attack; assault; assail
12	当时	Dāngshí	Then; at that time; just at that moment; right away; at once; immediately
13	情况	Qíngkuàng	Circumstances; situation; condition; state of affairs
14	十分	Shífēn	Very; fully; utterly; extremely
15	危急	Wéijí	Critical; in imminent danger; in a desperate situation
16	命令	Mìnglìng	Order; command; directive; instruction
17	平原	Píngyuán	Plain; flat country; champagne
18	救兵	Jiùbīng	Relief troops; reinforcements
19	燃眉之急	Ránméi zhījí	As pressing as a fire singeing one's eyebrows
20	紧急	Jǐnjí	Urgent; pressing; critical; emergent
21	召集	Zhàojí	Call together; convene
22	手下	Shǒuxià	Under the leadership of; under
23	挑选	Tiāoxuǎn	Pick; choose; select; pitch

#	词	拼音	释义
24	一同	Yītóng	Together with; in the company of; together; at the same time and place
25	前往	Qiánwǎng	Go to; leave for; proceed to
26	符合条件	Fúhé tiáojiàn	Meet a condition
27	剩下	Shèng xià	Be left; remain
28	站出来	Zhàn chūlái	Step forward; step forward bravely; come out boldly
29	出使	Chū shǐ	Serve as an envoy abroad; be sent on a diplomatic mission
30	面熟	Miànshú	Look familiar
31	想必	Xiǎngbì	Presumably; most probably
32	可取之处	Kěqǔ zhī chù	Something to one's credit; a saving grace; have some merits
33	锥子	Zhuīzi	Awl
34	扎破	Zhā pò	Pierce through
35	崭露头角	Zhǎnlù tóujiǎo	Cut a striking figure; cut a brilliant figure
36	回答	Huídá	Answer; reply; response
37	或许	Huòxǔ	Perhaps; maybe
38	口袋	Kǒudài	Pocket; bag; sack
39	所以	Suǒyǐ	So; therefore; as a result
40	机会	Jīhuì	Chance; opportunity
41	这次	Zhè cì	This time; present; current
42	一定会	Yīdìng huì	In for
43	看到	Kàn dào	See; catch sight of
44	才能	Cáinéng	Talent; ability; gift; aptitude
45	过后	Guòhòu	Afterwards; later
46	有道理	Yǒu dàolǐ	Be reasonable/plausible/convincing
47	语气	Yǔqì	Tone; manner of speaking; mood
48	不像	Bù xiàng	Unlike
49	骄傲自大	Jiāo'ào zì dà	Arrogant; be bloated with pride; feel high and mighty; get a swelled head
50	胸有成竹	Xiōngyǒu chéngzhú	Have a well-thought-out plan, stratagem, etc.; a well-regulated mind; get it all

			together; have a card up one's sleeve
51	答应	Dāyìng	Answer; reply; respond
52	上路	Shànglù	Set out on a journey; start off
53	正当	Zhèng dàng	Just when; just the time for; proper; rightful; rational and legitimate
54	干着急	Gān zhāojí	Be anxious, but unable to do anything
55	自信	Zìxìn	Self-confident; believe in oneself
56	昂扬	Ángyáng	High-spirited
57	利害关系	Lìhài guānxì	Stake; interest; concerns about one's vital interests
58	出兵	Chūbīng	Dispatch troops; march army for battle; send an army into battle
59	讲述	Jiǎngshù	Tell about; give an account of; narrate; recount
60	合乎情理	Héhū qínglǐ	Be reasonable/sensible
61	最后	Zuìhòu	Last; final; ultimate
62	终于	Zhōngyú	At last; in the end; finally; eventually
63	说服	Shuōfú	Persuade; convince; prevail on; talk somebody over
64	得救	Déjiù	Be saved

Chinese (中文)

毛遂是赵国平原君门下的一位门客，虽然他已经待了三年了，但从来没有得到过重用，因此也是一个不怎么显眼的存在。

有一次，秦国攻打赵国，当时的情况十分危急，赵王命令平原君前去楚国搬救兵，以解燃眉之急。

平原君便紧急召集他手下的所有门客，决定从这些门客当中挑选 20 个一同前往秦国。平原君挑了 19 个符合条件的门客，剩下的一个却怎么挑也挑不出来。

这时候毛遂主动站出来，请求一同出使楚国。平原君看这人不怎么面熟，平时也不曾听到有关他的一些消息，也无人提起过他，想必应该是没有可取之处吧，便委婉的想要拒绝他。对他说，这有才能的人，就如同锥子一般，放在口袋里也是扎破口袋钻出来的，而你却一直未崭露头角，你让我如何带你前去完成这项艰巨的任务呢？

毛遂回答道：或许是您不曾把我放进口袋里，所以我才没有崭露头角的机会。如果您给我这次机会，我一定会让您看到我的才能的。

平原君听了过后，觉得很有道理，而且听他这说话的语气，不像是骄傲自大，更像是胸有成竹，于是答应了带他一同上路。

正当谈的不怎么顺利的时候，其他门客只会在台下干着急。毛遂提着刀，自信昂扬的走到了台前，逻辑清晰的向楚王分析了其中的利害关系，向他阐述了如果出兵相救能给他带来什么好处，讲述的合乎情理，使人听了难以拒绝。

最后楚王终于被他说服了，答应了出兵相救，赵国因此得救。

Pinyin (拼音)

Máo suì shì zhào guó píngyuán jūn ménxià de yī wèi ménkè, suīrán tā yǐjīng dàile sān niánle, dàn cónglái méiyǒu dédàoguò zhòngyòng, yīncǐ yěshì yīgè bù zě me xiǎnyǎn de cúnzài.

Yǒu yīcì, qín guó gōngdǎ zhào guó, dāngshí de qíngkuàng shífēn wéijí, zhào wáng mìnglìng píngyuán jūn qián qù chǔ guó bān jiùbīng, yǐ jiě ránméizhījí.

Píngyuán jūn biàn jǐnjí zhàojí tā shǒuxià de suǒyǒu ménkè, juédìng cóng zhèxiē ménkè dāngzhōng tiāoxuǎn 20 gè yītóng qiánwǎng qín guó. Píngyuán jūn tiāole 19 gè fúhé tiáojiàn de ménkè, shèng xià de yīgè què zěnme tiāo yě tiāo bù chūlái.

Zhè shíhòu máo suì zhǔdòng zhàn chūlái, qǐngqiú yītóng chū shǐ chǔ guó. Píngyuán jūn kàn zhè rén bù zě me miànshú, píngshí yě bùcéng tīng dào yǒuguān tā de yīxiē xiāoxī, yě wú rén tíqǐguò tā, xiǎngbì yīng gāi shì méiyǒu kěqǔ zhī chù ba, biàn wěiwǎn de xiǎng yào jùjué tā. Duì tā shuō, zhè yǒu cáinéng de rén, jiù rútóng zhuīzi yībān, fàng zài kǒudài lǐ yěshì zhā pò kǒudài zuān chūlái de, ér nǐ què yīzhí wèi zhǎnlùtóujiǎo, nǐ ràng wǒ rúhé dài nǐ qián qù wánchéng zhè xiàng jiānjù de rènwù ne?

Máo suì huídá dào: Huòxǔ shì nín bùcéng bǎ wǒ fàng jìnkǒu dài lǐ, suǒyǐ wǒ cái méiyǒu zhǎnlùtóujiǎo de jīhuì. Rúguǒ nín gěi wǒ zhè cì jīhuì, wǒ yīdìng huì ràng nín kàn dào wǒ de cáinéng de.

Píngyuán jūn tīngle guòhòu, juédé hěn yǒu dàolǐ, érqiě tīng tā zhè shuōhuà de yǔqì, bù xiàng shì jiāo'ào zì dà, gèng xiàng shì xiōngyǒuchéngzhú, yúshì dāyìngle dài tā yītóng shànglù.

Zhèngdàng tán de bù zě me shùnlì de shíhòu, qítā ménkè zhǐ huì zài tái xià gān zhāojí. Máo suì tízhe dāo, zìxìn ángyáng de zǒu dàole tái qián, luójí qīngxī de xiàng chǔ wáng fēnxīle qízhōng de lìhài guānxi, xiàng tā chǎn shù liǎo rúguǒ chūbīng xiāng jiù néng gěi tā dài lái shénme hǎochù, jiǎngshù de héhū qínglǐ, shǐ rén tīngle nányǐ jùjué.

Zuìhòu chǔ wáng zhōngyú bèi tā shuōfúle, dāyìngle chūbīng xiāng jiù, zhào guó yīncǐ déjiù.

OFFER A HUMBLE APOLOGY (负荆请罪)

负荆请罪 (fù jīng qǐng zuì): Bring a rod and request to be hit by the same rod; to show contrition.

1	兵荒马乱	Bīnghuāng mǎluàn	The war was going on with all its stresses and strains; disorder caused by continuous military operations; fighting and confusion; in great confusion in war
2	战国	Zhànguó	Warring states
3	时期	Shíqí	Period
4	人才	Réncái	A person of ability; a talented person; talent; qualified personnel
5	蔺相如	Lìnxiāngrú	Lin Xiangru
6	因为	Yīnwèi	Because; for; on account of
7	个人	Gèrén	Individual; personal
8	得以	Déyǐ	So that ... can; so that ... may
9	乱世	Luànshì	Troubled times; turbulent days
10	存活	Cúnhuó	Survival
11	文人	Wénrén	Man of letters; scholar; literati
12	谋略	Móulüè	Astuteness and resourcefulness; strategy
13	功劳	Gōngláo	Contribution; meritorious service; credit
14	十分	Shífēn	Very; fully; utterly; extremely
15	器重	Qìzhòng	Think highly of; regard highly; have a high opinion of
16	赐予	Cìyǔ	Grant; bestow
17	官职	Guānzhí	Government post; official position
18	位列	Wèi liè	Ranked at the top of
19	之上	Zhī shàng	On; above; over
20	武将	Wǔjiàng	General; military officer
21	常年	Chángnián	Throughout the year; perennial; year in year out; average year

22	奔走	Bēnzǒu	Run
23	汗马功劳	Hànmǎ gōngláo	Distinctions won in battle; achievements in war; service in battle; toil and hardship in the wars
24	不服	Bùfú	Refuse to obey; not give in to; refuse to accept as final
25	不甘	Bùgān	Not resigned to; will not take it lying down; unwilling
26	平日	Píngrì	Ordinary days
27	有一次	Yǒu yīcì	Once; on one occasion
28	马车	Mǎchē	Carriage; coach; cab; cart
29	出门	Chūmén	Go out
30	马夫	Mǎfū	Groom; horse keeper
31	赶紧	Gǎnjǐn	Lose no time; hasten; run
32	掉头	Diàotóu	Turn round; turnabout; change direction
33	手下	Shǒuxià	Under the leadership of; under
34	明明	Míngmíng	Obviously; undoubtedly; plainly
35	只是	Zhǐshì	Merely; only; just
36	不敢	Bù gǎn	Dare not; not dare
37	轻易	Qīngyì	Easily; readily
38	攻打	Gōngdǎ	Attack; assault; assail
39	矛盾	Máodùn	Contradiction; contradict; contradictory
40	可乘之机	Kě chéng zhī jī	An opportunity that can be exploited to somebody's advantage; an opportunity that can be made use of by another to one's disadvantage; readily exploitable loopholes
41	不是	Bùshì	Fault; blame
42	大局	Dàjú	Overall situation; general situation; whole situation
43	不知	Bùzhī	Not to know; have no idea of; be ignorant of; be in the dark
44	传到	Chuán dào	Spread to; transmit/convey to; pass on to
45	耳朵	Ěrduǒ	Ear
46	羞愧	Xiūkuì	Ashamed; abashed

47	胡闹	Húnào	Run wild; be mischievous; make a row or cause disturbance without obvious reasons
48	小人	Xiǎo rén	A base person; villain; vile character
49	君子	Jūnzǐ	A man of noble character; gentleman
50	差点	Chàdiǎn	Not quite up to the mark; not good enough; slightly off; not quite good enough; almost; nearly; on the verge of
51	惭愧	Cánkuì	Ashamed; abashed
52	带刺	Dàicì	Be barbed/sarcastic
53	荆条	Jīngtiáo	Twigs of the chaste tree
54	赔礼道歉	Péilǐ dàoqiàn	Make a formal apology
55	慷慨大方	Kāngkǎi dàfāng	Be very generous and hospitable; be certainly generous; liberal
56	从此以后	Cóngcǐ yǐhòu	From this moment on, henceforth
57	好朋友	Hǎo péngyǒu	Good friend; great friend
58	越来越	Yuè lái yuè	More and more
59	默契	Mòqì	Tacit agreement; tacit understanding

Chinese (中文)

在兵荒马乱的战国时期，赵国有两位人才，文有蔺相如，武有廉颇，这是因为有这两个人在，赵国才得以在乱世中存活。

虽然蔺相如是个文人，但他为赵王提供了很多谋略，也立下了许多功劳，赵王十分器重他，赐予他上卿的官职，位列廉颇之上。

这让廉颇非常不满，他作为一个武将，常年奔走在战斗的前线，为赵国立下了许多汗马功劳，如今却还比不上一个文人。廉颇觉得非常不服，内心十分不甘，于是平日里处处针对蔺相如。

有一次，蔺相如坐马车出门，远远地望见了廉颇，便叫马夫赶紧掉头。蔺相如的手下感到十分奇怪，明明蔺相如的官职要比廉颇大，为何还要怕他？

蔺相如只是说，赵国正是因为有了他们两个人，别的国家才不敢轻易攻打。如果他俩闹矛盾的话，让其他国家有可乘之机，岂不是坏了大局吗？

也不知如何蔺相如的这番话传到了廉颇的耳朵。廉颇当时羞愧极了，原来一直是自己胡闹，以小人之心度君子之腹，差点就忘了大局了。

廉颇深感惭愧，于是背着带刺的荆条上门向蔺相如赔礼道歉，蔺相如也是很慷慨大方的接受了他的道歉。从此以后，两人便成为了好朋友，配合也是越来越默契，为保卫赵国做出了巨大的贡献。

Pinyin (拼音)

Zài bīnghuāngmǎluàn de zhànguó shíqí, zhào guóyǒu liǎng wèi réncái, wén yǒu lìnxiāngrú, wǔ yǒu lián pǒ, zhè shì yīnwèi yǒu zhè liǎng gèrén zài, zhàoguócái déyǐ zài luànshì zhōng cúnhuó.

Suīrán lìnxiāngrú shìgè wénrén, dàn tā wèi zhào wáng tígōngle hěnduō móulüè, yě lì xiàle xǔduō gōngláo, zhào wáng shífēn qìzhòng tā, cìyǔ tā shàng qīng de guānzhí, wèi liè lián pǒ zhī shàng.

Zhè ràng lián pǒ fēicháng bùmǎn, tā zuòwéi yīgè wǔjiàng, chángnián bēnzǒu zài zhàndòu de qiánxiàn, wèi zhào guólì xiàle xǔduō hànmǎgōngláo, rújīn què hái bǐ bù shàng yīgè wénrén. Lián pǒ juédé fēicháng bùfú, nèixīn shífēn bùgān, yúshì píngrì lǐ chùchù zhēnduì lìnxiāngrú.

Yǒu yīcì, lìnxiāngrú zuò mǎchē chūmén, yuǎn yuǎn dì wàng jiànle lián pǒ, biàn jiào mǎfū gǎnjǐn diàotóu. Lìnxiāngrú de shǒuxià gǎndào shífēn qíguài, míngmíng lìnxiāngrú de guānzhí yào bǐ lián pǒ dà, wèihé hái yào pà tā?

Lìnxiāngrú zhǐshì shuō, zhào guózhèng shì yīnwèi yǒule tāmen liǎng gèrén, bié de guójiā cái bù gǎn qīngyì gōngdǎ. Rúguǒ tā liǎ nào máodùn dehuà, ràng qítā guójiā yǒu kě chéng zhī jī, qǐ bùshì huàile dàjú ma?

Yě bùzhī rúhé lìnxiāngrú de zhè fān huà chuán dàole lián pǒ de ěrduǒ. Lián pǒ dāngshí xiūkuì jíle, yuánlái yīzhí shì zìjǐ húnào, yǐ xiǎo rén zhī xīn dù jūnzǐ zhī fù, chàdiǎn jiù wàngle dàjúle.

Lián pǒ shēn gǎn cánkuì, yúshì bèizhe dàicì de jīngtiáo shàngmén xiàng lìnxiāngrú péilǐ dàoqiàn, lìnxiāngrú yěshì hěn kāngkǎi dàfāng de jiēshòule tā de dàoqiàn. Cóngcǐ yǐhòu, liǎng rén biàn chéngwéile hǎo péngyǒu, pèihé yěshì yuè lái yuè mòqì, wèi bǎowèi zhào guó zuò chūle jùdà de gòngxiàn.

A REPEATED SLANDER MAKES OTHERS BELIEVE (三人成虎)

三人成虎 (sān rén chéng hǔ): Repeating a lie makes other believe that the lie is true; when three people falsely simultaneously claim there is a tiger nearby, people are likely to believe that there is indeed a tiger nearby.

1	典故	Diǎngù	Allusion; literary quotation
2	成语	Chéngyǔ	Set phrase; idiom; idioms and allusions
3	讽刺	Fèngcì	Satire; sarcasm; mock
4	无知	Wúzhī	Ignorant
5	大家	Dàjiā	Great master; authority
6	战国	Zhànguó	Warring states
7	战争	Zhànzhēng	War; warfare
8	诚实	Chéngshí	Honest
9	守信	Shǒuxìn	Keep one's word; keep promises
10	本国	Běnguó	One's own country
11	太子	Tàizǐ	Crown prince
12	人质	Rénzhì	Hostage
13	自己的	Zìjǐ de	Self
14	诚信	Chéngxìn	Good faith; sincerity and honesty
15	当时	Dāngshí	Then; at that time; just at that moment; right away; at once; immediately
16	其中	Qízhōng	Among; in; inside
17	大臣	Dàchén	Minister; secretary
18	同行	Tóngxíng	Of the same trade or occupation; a person of the same trade or occupation; fraternity; travel together
19	陪同	Péitóng	Accompany; be in the company of; keep company with; escort
20	一起	Yīqǐ	In the same place; together; in company; altogether
21	过去	Guòqù	Go over; pass by; in the past; formerly
22	出发	Chūfā	Set out; start off; leave; depart

23	之前	Zhīqián	Before; prior to; ago
24	老虎	Lǎohǔ	Tiger
25	相信	Xiāngxìn	Believe in; be convinced of; have faith in; take stock in
26	当然	Dāngrán	As it should be; only natural; without doubt; certainly
27	这么	Zhème	So; such; this way; like this
28	动摇	Dòngyáo	Shake; vacillate; waver
29	接着	Jiēzhe	Catch
30	还有	Hái yǒu	There is still some left; still; furthermore
31	解释	Jiěshì	Explain; expound; interpret; explicate
32	市集	Shì jí	Fair
33	不可能	Bù kěnéng	Impossible
34	往往	Wǎngwǎng	Often; frequently; more often than not
35	大王	Dàwáng	King; monarch; magnate
36	判断	Pànduàn	Judge; decide; determine; estimate
37	事物	Shìwù	Thing; object; arrangement
38	明察秋毫	Míngchá qiūháo	Discover the minutest detail in everything; able to see the fine down of birds in autumn; very perspicacious; be able to penetrate deeply into all things; can see the tiniest objects
39	明辨是非	Míngbiàn shìfēi	Distinguish between truth and falsehood
40	等到	Děngdào	By the time; when
41	回来	Huílái	Return; come back; be back; go back; back
42	谣言	Yáoyán	Rumor; groundless allegation
43	传到	Chuán dào	Spread to; transmit/convey to; pass on to
44	耳朵	Ěrduǒ	Ear
45	召见	Zhàojiàn	Call in
46	全然	Quánrán	Completely; entirely
47	当初	Dāngchū	At the beginning; originally; at the outset; in the first place
48	承诺	Chéngnuò	Promise to do something; promise to undertake

Chinese (中文)

这是一个典故，也是一个成语，用以讽刺魏惠王的无知。

大家都知道在战国时期，战争不断。所以为了确保大家都能诚实守信，通常把本国的太子送过去当人质，以证自己的诚信。

当时魏国也要把太子送去赵国，赵国其中的一位大臣庞葱也要随太子同行，陪同太子一起过去。

出发之前，他对魏王说：如果有人说街上出现了老虎，你会相信吗？魏王答："当然不会"，那如果有第二个人这么说呢，魏王说那我可能有点动摇，那接着还有第三个人呢，魏王便说那便是有了。

庞葱便解释道，市集上是不可能出现老虎的，但是往往因为说的人多了，也便成了真，所以希望大王您判断事物的时候，能够明察秋毫，明辨是非。

等到太子和庞聪被放回来的时候，一些谣言传到了魏王的耳朵里，而魏王在那之后就没有召见过庞葱了，全然忘了当初的承诺。

Pinyin (拼音)

Zhè shì yīgè diǎngù, yěshì yīgè chéngyǔ, yòng yǐ fèngcì wèi huì wáng de wúzhī.

Dàjiā dōu zhīdào zài zhànguó shíqí, zhànzhēng bùduàn. Suǒyǐ wéi le quèbǎo dàjiā dōu néng chéngshí shǒuxìn, tōngcháng bǎ běnguó de tàizǐ sòng guòqù dāng rénzhì, yǐ zhèng zìjǐ de chéngxìn.

Dāngshí wèi guó yě yào bǎ tàizǐ sòng qù zhào guó, zhào guó qízhōng de yī wèi dàchén páng cōng yě yào suí tàizǐ tóngxíng, péitóng tàizǐ yīqǐ guòqù.

Chūfā zhīqián, tā duì wèi wáng shuō: Rúguǒ yǒurén shuō jiē shàng chūxiànle lǎohǔ, nǐ huì xiāngxìn ma? Wèi wáng dá:"Dāngrán bù huì ", nà rúguǒ yǒu dì èr gèrén zhème shuō ne, wèi wáng shuō nà wǒ kěnéng yǒudiǎn dòngyáo, nà jiēzhe hái yǒu dì sān gèrén ne, wèi wáng biàn shuō nà biàn shì yǒule.

Páng cōng biàn jiěshì dào, shì jí shàng shì bù kěnéng chūxiàn lǎohǔ de, dànshì wǎngwǎng yīn wéi shuō de rén duōle, yě biàn chéngle zhēn, suǒyǐ xīwàng dàwáng nín pànduàn shìwù de shíhòu, nénggòu míngcháqiūháo, míngbiàn shìfēi.

Děngdào tàizǐ hé páng cōng bèi fàng huílái de shíhòu, yīxiē yáoyán chuán dàole wèi wáng de ěrduǒ lǐ, ér wèi wáng zài nà zhīhòu jiù méiyǒu zhàojiànguò páng cōngle, quánrán wàng liǎo dàng chū de chéngnuò.

TIAN JI PARTICIPATES IN HORSE RACING (田忌赛马)

1	齐国	Qí guó	Ancient state of Qi in what is now Shandong
2	大将	Dàjiàng	Senior general
3	特别喜欢	Tèbié xǐhuān	Favorite; favorite
4	赛马	Sàimǎ	Horse race; horse racing; racing
5	当时	Dāngshí	Then; at that time; just at that moment; right away; at once; immediately
6	爱好	Àihào	Like; love; be fond of; catch somebody's fancy
7	于是	Yúshì	Thereupon; hence; consequently; as a result
8	约定	Yuēdìng	Agree on; appoint; arrange; convention
9	改日	Gǎi rì	Another day; some other day
10	一场比赛	Yī chǎng bǐsài	Individual match; bout; assault
11	比赛	Bǐsài	Match; competition; race; contest
12	当天	Dàngtiān	The same day; that very day
13	各自	Gèzì	Each; by oneself; respective
14	等级	Děngjí	Grade; rank; order and degree; social estate
15	但是	Dànshì	But; however; yet; still
16	毕竟	Bìjìng	After all; all in all; when all is said and done; in the final analysis
17	地位	Dìwèi	Position; standing; place; status
18	他的	Tā de	His; him
19	自然	Zìrán	Nature; natural world; naturally; of course; at ease; natural; free from affectation
20	厉害	Lìhài	Severe; sharp; cruel; fierce
21	所以	Suǒyǐ	So; therefore; as a result
22	回合	Huíhé	Round; bout
23	下来	Xiàlái	Come down; come from a higher place; go among the masses

24	毫无	Háo wú	Not in the least
25	悬念	Xuánniàn	Suspense; be concerned about; miss
26	垂头丧气	Chuítóu sàngqì	Become dejected and despondent; be downcast; be in low spirits; be weighed down
27	时候	Shíhòu	Time
28	朋友	Péngyǒu	Friend
29	过来	Guòlái	Come over; come up; can manage
30	办法	Bànfǎ	Method; means; measure
31	惊讶	Jīngyà	Surprised; amazed; astonished; astounded
32	样子	Yàngzi	Appearance; shape
33	自己的	Zìjǐ de	Self
34	计谋	Jìmóu	Scheme; stratagem; plot
35	告诉	Gàosù	Tell; let know
36	要求	Yāoqiú	Ask; demand; require; claim
37	再来	Zàilái	Come again; encore; request/order a repetition
38	爽快	Shuǎngkuài	Refreshed; comfortable
39	答应	Dāyìng	Answer; reply; respond
40	一大堆	Yī dà duī	A big heap of; a great pile of; a large amount of; lump
41	钱财	Qiáncái	Wealth; money
42	仿佛	Fǎngfú	Seem; as if; be more or less the same; be alike
43	必得	Bìděi	Must; have to
44	比赛开始	Bǐsài kāishǐ	Play Ball; play; kick off
45	下等	Xià děng	Low-grade; inferior
46	上等	Shàng děng	First-class; first-rate; superior
47	议论纷纷	Yìlùn fēnfēn	There were many discussions; be widely discussed by; clamors of comments; discuss animatedly
48	不知	Bùzhī	Not to know; have no idea of; be ignorant of; be in the dark
49	打算	Dǎsuàn	Intend; plan; think; mean

50	中等	Zhōngděng	Secondary; medium; moderate; middling
51	胜利	Shènglì	Win; victory; triumph; successfully
52	其实	Qíshí	Actually; in fact; as a matter of fact; really
53	上场	Shàngchǎng	Appear on the stage; enter; enter the court or field; join in a contest
54	次序	Cìxù	Order; sequence; succession; arrangement
55	做事	Zuòshì	Handle affairs; do a deed; act
56	善于	Shànyú	Be good at; be adept in
57	变通	Biàntōng	Be flexible; accommodate something to circumstances; adapt something to circumstances
58	思考	Sīkǎo	Think deeply; ponder over; reflect on; deliberate
59	或许	Huòxǔ	Perhaps; maybe
60	突破	Túpò	Breakthrough; make a breakthrough; surmount

Chinese (中文)

田忌是齐国的一名大将，同时他也特别喜欢赛马。当时的齐威王也是个爱好赛马的人，于是他俩约定好，改日进行一场比赛。

比赛当天，他们把各自的马分为上中下三个等级。但是毕竟齐威王地位高，他的马自然要更厉害一些。

所以三个回合下来，齐威王毫无悬念地赢了田忌，田忌一脸垂头丧气。这个时候他的朋友孙膑过来说，你信不信我有办法让你赢。

田忌一脸惊讶的样子，孙膑便把自己的计谋告诉了他。田忌听后，要求与齐威王再来一次对战。

齐威王很爽快的答应了，还赌上了一大堆钱财，仿佛势在必得。

比赛开始了，第一回合，田忌用自己的下等马对战齐威王的上等马，田忌输了。大家都议论纷纷，不知田忌什么打算。第二回合，田忌用自己的上等马对战齐威王的中等马。田忌赢得一局。第三回合，田忌用自己的中等马对战齐威王的下等马，又赢得一局。最后比赛3:2，田忌取得胜利。

其实能取得胜利的关键，就是马的上场次序。这个故事告诉我们，做事要善于变通，换个角度思考问题或许有新的突破。

Pinyin (拼音)

Tiánjì shì qí guó de yī míng dàjiàng, tóngshí tā yě tèbié xǐhuān sàimǎ. Dāngshí de qí wēi wáng yěshì gè àihào sàimǎ de rén, yúshì tā liǎ yuēdìng hǎo, gǎi rì jìnxíng yī chǎng bǐsài.

Bǐsài dàngtiān, tāmen bǎ gèzì de mǎ fēn wéi shàng zhòng xià sān gè děngjí. Dànshì bìjìng qí wēi wáng dìwèi gāo, tā de mǎ zìrán yào gèng lìhài yīxiē.

Suǒyǐ sān gè huíhé xiàlái, qí wēi wáng háo wú xuánniàn de yíngle tiánjì, tiánjì yī liǎn chuítóusàngqì. Zhège shíhòu tā de péngyǒu sūnbìn guòlái shuō, nǐ xìn bùxìn wǒ yǒu bànfǎ ràng nǐ yíng.

Tiánjì yī liǎn jīngyà de yàngzi, sūnbìn biàn bǎ zìjǐ de jìmóu gàosùle tā. Tiánjì tīng hòu, yāoqiú yǔ qí wēi wáng zàilái yīcì duìzhàn.

Qí wēi wáng hěn shuǎngkuài de dāyìngle, hái dǔ shàngle yī dà duī qiáncái, fǎngfú shì zài bìděi.

Bǐsài kāishǐle, dì yī huíhé, tiánjì yòng zìjǐ de xià děng mǎ duìzhàn qí wēi wáng de shàng děng mǎ, tiánjì shūle. Dàjiā dū yìlùn fēnfēn, bùzhī tiánjì shénme dǎsuàn. Dì èr huíhé, tiánjì yòng zìjǐ de shàng děng mǎ duìzhàn qí wēi wáng de zhōngděng mǎ. Tiánjì yíngdé yī jú. Dì sān huíhé, tiánjì yòng zìjǐ de zhōngděng mǎ duìzhàn qí wēi wáng de xià děng mǎ, yòu yíngdé yī jú. Zuìhòu bǐsài 3:2, Tiánjì qǔdé shènglì.

Qíshí néng qǔdé shènglì de guānjiàn, jiùshì mǎ de shàngchǎng cìxù. Zhège gùshì gàosù wǒmen, zuòshì yào shànyú biàntōng, huàngè jiǎodù sīkǎo wèntí huòxǔ yǒu xīn dì túpò.

www.QuoraChinese.com

www.ingramcontent.com/pod-product-compliance
Lightning Source LLC
LaVergne TN
LVHW062001070526
838199LV00060B/4225